국민대학교 국제교육원
Institute of International Education
Kookmin University

# 국민 한국어4 별책 부록

# 문법, 어휘·표현

## GRAMMAR, VOCABULARY

국민대학교 출판부
KOOKMIN UNIVERSITY PRESS

# 목차

## 4-1 문법



## 4-2 문법

## 4-1 어휘·표현



## 4-2 어휘·표현

# 4-1 문법

## 01과 꿈과 미래

### 문법 1 –고자

**의미**

앞의 내용이 뒤의 행동을 하는 목적을 나타낼 때 쓴다.

**형태 및 용법**

- 동사와 결합한다.
- 앞 문장과 뒤 문장의 주어가 같아야 한다.
- 과거 '–았/었–', 미래·추측의 '–겠–'과 결합하지 않는다.
- 뒤 문장에 명령문이나 청유문이 올 수 없다.
- 주로 문어에서 쓴다.
- 주로 격식적이거나 공식적인 상황에서 쓴다.
- '–고자 하다'로 사용하여 그 행동을 하려는 의도를 표현하기도 한다.

**예문**

- 이곳의 문제를 세계에 **알리고자** 이 글을 쓰게 되었습니다.
- 가능한 시간에 **찾아뵙고자** 연락을 드렸습니다.
- 지금부터 고향의 명절에 대한 발표를 **시작하고자** 합니다.

### 문법 2 –는 대로

**의미**

앞의 상황과 똑같이 뒤의 행동을 한다는 의미를 나타낼 때 쓴다.

형태 및 용법

| 현재 | 과거 |
|---|---|
| -는 대로<br>하는 대로<br>읽는 대로 | -(으)ㄴ 대로<br>한 대로<br>읽은 대로 |

- 동사와 결합한다.
- 과거 '-았/었-', 미래·추측의 '-겠-'과 결합하지 않는다.
- 앞 문장에 부정을 나타내는 표현을 쓰지 않는다.
- 명사와 결합할 때는 '명사 대로'로 사용하여 '그것과 똑같이'의 의미로 쓴다.

예문

- 나는 그 사람이 **가는 대로** 따라 걸었다.
- 사고 장소에서 **본 대로** 이야기하십시오.
- 아빠, 시험을 잘 봤으니까 **약속대로** 자전거를 사 주세요.

## 문법 3 -았더라면/었더라면

의미

과거에 있었던 일을 반대로 생각해 보면서 과거에 대한 후회나 그런 일이 생기지 않아서 다행스럽게 생각함을 나타낼 때 쓴다.

형태 및 용법

| | ㅏ, ㅗ + 았더라면 | ㅓ, ㅜ, ㅣ… + 었더라면 | 하다 → 했더라면 |
|---|---|---|---|
| 동사, 형용사 | 갔더라면<br>많았더라면 | 먹었더라면<br>적었더라면 | 공부했더라면<br>깨끗했더라면 |

| | 받침 × + 였더라면 | 받침 ○ + 이었더라면 |
|---|---|---|
| 명사+이다 | 친구였더라면 | 학생이었더라면 |

- 뒤 문장에 명령문이나 청유문이 올 수 없다.
- '-았더라면/었더라면' 뒤에 '-았을/었을 것이다, -았을/었을 텐데, -(으)ㄹ 뻔했다'가 주로 온다.

예문

- 그 사람을 좀 더 일찍 **알았더라면** 좋은 친구가 될 수 있었을 텐데.
- 친구들이 **없었더라면** 한국 생활이 힘들었을 거예요.
- 휴대 전화를 보면서 **운전했더라면** 사고가 날 뻔했어요.
- 제가 **의사였더라면** 그 사람을 도와줄 수 있었을 텐데요.

## 문법 4 -(으)려다가

의미

의도나 목적이 있던 행동을 중단하고 다른 행동을 함을 나타낼 때 쓴다.

형태 및 용법

| 받침 ×, ㄹ 받침 + 려다가 | 받침 ○ + 으려다가 |
|---|---|
| 가려다가<br>열려다가 | 먹으려다가 |

- 동사와 결합한다.
- 앞 문장과 뒤 문장의 주어가 같아야 한다.
- 과거 '-았/었-', 미래·추측의 '-겠-'과 결합하지 않는다.
- 뒤 문장은 주로 과거형으로 쓴다.
- 뒤 문장에 명령문이나 청유문이 올 수 없다.
- '-(으)려고 하다가'를 줄여 쓴 것이다.

예문

- 책을 가지고 **오려다가** 오늘은 짐이 너무 많아서 그냥 나왔어요.
- 어젯밤에 책을 **읽으려다가** 피곤해서 잠들어 버렸어요.
- 음악을 **들으려다가** 말았어요.

# 02과 대인 관계

## 문법 1 –더니[1]

### 의미

내가 듣거나 관찰한 사실이 이유나 원인이 되어 현재 어떤 것이 변화했음을 나타낼 때 쓴다. 또는 듣거나 관찰했던 일의 결과에 대해 질문할 때도 쓴다.

### 형태 및 용법

- 동사, 형용사와 결합한다.
- 1인칭 주어를 사용할 수 없고 2, 3인칭 주어를 사용한다.
- 과거 '–았/었–', 미래·추측의 '–겠–'과 결합하지 않는다.
- 뒤 문장에 미래형이 올 수 없다.
- 뒤 문장에 명령문이나 청유문이 올 수 없다.
- 과거에 들은 사실을 말하는 경우 간접 화법과 결합하여 쓴다.
- 주로 구어에서 쓴다.

### 예문

- 동생이 핸드폰 게임을 많이 **하더니** 눈이 나빠졌어요.
- 제 친구는 어렸을 때부터 키가 크고 **날씬하더니** 모델이 되었어요.
- 어제 압둘라 씨 **만난다고 하더니** 잘 만났어요?

## 문법 2 (이)며 (이)며

### 의미

같은 자격을 가진 여러 사물을 예를 들어 나열할 때 쓴다.

### 형태 및 용법

| 받침 × + 며 | 받침 ○ + 이며 |
|---|---|
| 의자며 | 책상이며 |

- 명사와 결합한다.
- '(이)며' 뒤에는 두 개의 명사와 모두 어울리는 동사나 형용사가 와야 한다.
  예 동생이 노래며 춤이며 다 잘 춰요. (×)

예문

- 저는 **수박이며 복숭아며** 여름에 나오는 과일을 다 좋아해요.
- 우리 형은 **축구며 농구며** 못하는 운동이 없어요.
- 동대문 시장에는 **옷이며 신발이며** 없는 것이 없어요.

## 문법 3 –느니 차라리

의미

앞 문장의 내용과 뒤 문장의 내용이 모두 마음에 들지 않지만 앞의 것을 하는 것보다 뒤의 것을 하는 것이 나음을 나타낼 때 쓴다.

형태 및 용법

- 동사와 결합한다.
- '–느니' 뒤에 쓰이는 '차라리'는 생략할 수 있다.
- '–느니 차라리' 다음에는 '–는/(으)ㄴ 게 낫겠다, –는/(으)ㄴ 게 낫다, –겠다, –(으)ㄹ래요, –는/(으)ㄴ 게 어때요?, –(으)ㄹ까요?' 등의 표현이 자주 온다.

예문

- 그 사람하고 같이 **일하느니 차라리** 혼자 일하겠어요.
- 일주일 동안 계속 라면만 **먹느니 차라리** 안 먹을래요.

## 문법 4 –기에는

의미

사물이나 사람을 어떻다고 평가하는 기준을 나타낼 때 쓴다.

### 형태 및 용법

- 동사와 결합한다.
- 과거 '–았/었–', 미래·추측의 '–겠–'과 결합하지 않는다.
- '–기에는' 다음에는 주로 '좋다, 나쁘다, 크다, 작다, 멀다, 부족하다' 등의 일부 형용사가 온다.
- 명령문이나 청유문으로 쓸 수 없다.

### 예문

- 이 신발은 제가 **신기에는** 좀 큰 것 같아요.
- 대학교에 **입학하기에는** 한국어 실력이 부족해요.

## 03과 함께 사는 삶

### 문법 1 –다 보니

### 의미

앞 문장의 행동을 반복하면서 뒤 문장의 결과가 생김을 나타낼 때 쓴다.

### 형태 및 용법

- 동사와 결합한다.
- 과거 '–았/었–', 미래·추측의 '–겠–'과 결합하지 않는다.
- 뒤 문장은 주로 과거형으로 쓴다.
- 뒤 문장에 미래형을 사용할 수 없다.
- 뒤 문장에 명령문이나 청유문이 올 수 없다.
- '–다 보니까, –다가 보니, –다가 보니까'로 쓰기도 한다.

### 예문

- 마사지를 자주 **하다 보니** 피부가 좋아졌어요.
- 처음에는 김치 냄새가 싫었는데 자꾸 **먹다 보니** 잘 먹게 되었어요.

## 문법 2 –아/어 가면서

### 의미

뒤 문장의 행동을 지속하면서 앞 문장의 행동을 가끔씩 동시에 함을 나타낼 때 쓴다.

### 형태 및 용법

| ㅏ, ㅗ + 아 가면서 | ㅓ, ㅜ, ㅣ… + 어 가면서 | 하다 → 해 가면서 |
|---|---|---|
| 찾아 가면서 | 만들어 가면서 | 이야기해 가면서 |

- 동사와 결합한다.
- 앞 문장과 뒤 문장의 주어가 같아야 한다.
- 과거 '–았/었–', 미래·추측의 '–겠–'과 결합하지 않는다.

### 예문

- 사전을 **봐 가면서** 발표문을 써도 되나요?
- 모르는 것은 동료한테 **물어 가면서** 일을 하도록 하세요.
- 여가 생활도 **해 가면서** 사는 것이 행복한 삶이라고 생각합니다.

## 문법 3 –자

### 의미

앞 문장의 행동이나 상황이 끝난 다음에 곧바로 뒤 문장의 행동이나 상황이 일어남을 나타낼 때 쓴다.

### 형태 및 용법

- 동사와 결합한다.
- 과거 '–았/었–', 미래·추측의 '–겠–'과 결합하지 않는다.
- 뒤 문장은 주로 현재형, 과거형으로 쓴다.
- 뒤 문장에 명령문이나 청유문이 올 수 없다.
- 주로 문어에서 쓴다.

- 앞 문장과 뒤 문장의 상황은 주로 관계가 있어야 한다.

예문

- 어머니의 얼굴을 **보자** 나도 모르게 눈물이 났다.
- 창문을 **열자** 시원한 바람이 방 안으로 들어왔습니다.

## 문법 4 만 하다

의미

어떤 사물이나 사람의 크기나 정도를 비슷한 다른 사물이나 사람과 비교하면서 설명할 때 쓴다.

형태 및 용법

- 명사와 결합한다.
- 관용적으로 사용하는 표현이 많다.

예문

- 제 방은 교실 **반만 해요.**
- 요즘 노트북은 진짜 작아서 **공책만 하던데요.**
- 마키 씨 동생을 봤는데 얼굴이 **주먹만 하더라고요.**
- 이 회사는 일하기 편한데 월급은 **쥐꼬리만 해요.**

# 04과 일상의 문제

## 문법 1 -ㄴ다고/는다고/다고 했잖아요

### 의미

상대방의 말이 예전과 다를 때 예전의 말을 다시 언급하면서 그것이 마음에 들지 않음을 나타낼 때 쓴다.

### 형태 및 용법

| | 현재 | 과거 | 미래·추측 |
|---|---|---|---|
| 동사 | **-ㄴ다고/는다고 했잖아요**<br>온다고 했잖아요<br>먹는다고 했잖아요 | **-았다고/었다고 했잖아요**<br>왔다고 했잖아요<br>먹었다고 했잖아요 | **-(으)ㄹ 거라고 했잖아요**<br>올 거라고 했잖아요<br>먹을 거라고 했잖아요 |
| 형용사 | **-다고 했잖아요**<br>싸다고 했잖아요<br>많다고 했잖아요 | **-았다고/었다고 했잖아요**<br>쌌다고 했잖아요<br>많았다고 했잖아요 | · |
| 명사+이다 | **(이)라고 했잖아요**<br>친구라고 했잖아요<br>빨간색이라고 했잖아요 | · | · |

- 구어에서 쓴다.
- 서비스 상황에서는 '-ㄴ다고/는다고/다고 하셨잖아요'로 쓴다.

### 예문

- 아까 이 카드를 사용하면 환승이 **된다고 하셨잖아요.**
- 조금 전에는 파란색이 **있다고 하셨잖아요.**
- 방금 **2시라고 했잖아요.**
- 아까 전화했을 때는 밥 **먹었다고 했잖아.**
- 어제는 물건이 오늘까지 **도착할 거라고 하셨잖아요.**

## 문법 2 –는/(으)ㄴ 데다가

### 의미

앞 문장의 사실이나 상태에 뒤 문장의 사실이나 상태가 더해짐을 나타낼 때 쓴다.

### 형태 및 용법

| | 현재 | 과거 |
|---|---|---|
| 동사, 있다/없다 | **–는 데다가**<br>끝나는 데다가<br>먹는 데다가<br>있는 데다가 | **–(으)ㄴ 데다가**<br>끝난 데다가<br>먹은 데다가 |
| 형용사 | **–(으)ㄴ 데다가**<br>비싼 데다가<br>적은 데다가 | · |
| 명사+이다 | **인 데다가**<br>친구인 데다가<br>토요일인 데다가 | · |

- 과거 '–았/었–', 미래·추측의 '–겠–'과 결합하지 않는다.
- 뒤 문장에 명령문이나 청유문이 올 수 없다.
- 앞 문장과 뒤 문장에 나오는 명사 다음에는 '도'가 결합하는 경우가 많다.
- 주로 구어에서 쓴다.

### 예문

- 오늘은 비도 **오는 데다가** 바람도 많이 불어서 더 추워요.
- 기숙사는 학교에서 **가까운 데다가** 친구랑 같이 살아서 좋아요.
- 오늘은 **토요일인 데다가** 연휴 시작이라서 길이 더 막혀요.
- 영화도 이미 **끝난 데다가** 사람들도 다 집에 갔어요.

## 문법 3 -았어야/었어야 했는데

### 의미

꼭 해야 하는 행동을 하지 못해서 후회하거나 아쉬워함을 나타낼 때 쓴다.

### 형태 및 용법

| ㅏ, ㅗ + 았어야 했는데 | ㅓ, ㅜ, ㅣ… + 었어야 했는데 | 하다 → 했어야 했는데 |
|---|---|---|
| 갔어야 했는데 | 줬어야 했는데 | 청소했어야 했는데 |

- 동사와 결합한다.
- 1인칭 주어를 사용하여 후회나 아쉬움을 표현한다.
- 미래·추측의 '-겠-'과 결합하지 않는다.
- 부정형은 '-지 말았어야 했는데'로 쓴다.
- 주로 구어에서 쓴다.

### 예문

- 제가 잘 **봤어야 했는데** 죄송합니다.
- 끝까지 **기다렸어야 했는데** 시간이 너무 늦어서 못 기다렸어요.
- 어제 **예약했어야 했는데** 일이 너무 많아서 못 했어요.
- 어제 밤에 늦게 **자지 말았어야 했는데**…….

## 문법 4 -고 해서

### 의미

여러 이유 중에서 한 가지 이유를 들 때 쓴다.

### 형태 및 용법

| | |
|---|---|
| 동사, 형용사 | **-고 해서**<br>가고 해서<br>많고 해서 |
| 명사+이다 | **이고 해서**<br>친구이고 해서<br>동생이고 해서 |

- 과거 '-았/었-'과 결합하지 않는다.
- 뒤 문장에 명령문이나 청유문이 올 수 없다.
- '명사도 -고 해서'로 주로 쓴다.
- 주로 구어에서 쓴다.
- 주로 비격식적인 상황에서 쓴다.
- 말하는 사람이 이유를 확실하게 말하고 싶지 않을 때 사용하기도 한다.

### 예문

- 약속 시간까지 시간도 **남고 해서** 서점에 다녀왔어요.
- 아는 사람도 **있고 해서** 이 학교를 선택했어요.
- 제 동생 **친구이고 해서** 인사를 했어요.
- 숙제도 **해야 하고 해서** 친구 생일 파티에 안 갔어요.

# 05과 생각의 차이

## 문법 1 -ㄴ다고/는다고/다고 해서 -는/(으)ㄴ 것은 아니다

### 의미

앞의 상황이나 결과가 꼭 뒤의 상황이나 결과를 가져오지 않는다는 것을 나타낼 때 쓴다.

### 형태 및 용법

| | 현재 | 과거 |
|---|---|---|
| 동사 | –ㄴ다고/는다고 해서<br>간다고 해서<br>먹는다고 해서 | –았다고/었다고 해서<br>갔다고 해서<br>먹었다고 해서 |
| 형용사 | –다고 해서<br>싸다고 해서<br>적다고 해서 | –았다고/었다고 해서<br>쌌다고 해서<br>적었다고 해서 |
| 명사+이다 | (이)라고 해서<br>친구라고 해서<br>학생이라고 해서 | 였다고/이었다고 해서<br>친구였다고 해서<br>학생이었다고 해서 |

- 다른 사람의 의견에 반대할 때 주로 쓴다.
- '모두, 다, 항상, 꼭' 등을 넣어서 '–ㄴ다고/는다고/다고 해서 모두/다/항상/꼭… –는/(으)ㄴ 것은 아니다'로 주로 쓴다.
- '해서'를 생략해서 말하기도 한다.

### 예문

- 노래를 잘 **부른다고 해서** 다 가수가 **되는 것은 아니다.**
- 머리가 **좋다고 해서** 다 공부를 **잘하는 것은 아니다.**
- **여자라고 해서** 모두 화장품에 관심이 **많은 것은 아니다.**
- 가: 대학에서 영어를 전공하셨으니까 잘하시겠어요.
  나: **전공했다고 해서** 다 **잘하는 것은 아니에요.**

## 문법 2 -는가/(으)ㄴ가 하면

### 의미

앞의 내용이 있으면서 뒤의 내용도 있음을 나타낼 때 쓴다.

### 형태 및 용법

| | 현재 | 과거 |
|---|---|---|
| 동사, 있다/없다 | -는가 하면<br>가는가 하면<br>먹는가 하면<br>있는가 하면 | -았는가/었는가 하면<br>갔는가 하면<br>먹었는가 하면<br>있었는가 하면 |
| 형용사 | -(으)ㄴ가 하면<br>예쁜가 하면<br>적은가 하면 | -았는가/었는가 하면<br>예뻤는가 하면<br>적었는가 하면 |

- 미래·추측의 '-겠-'과 결합하지 않는다.
- 뒤 문장에 명령문이나 청유문이 올 수 없다.
- 뒤 문장은 현재형, 과거형으로만 쓴다.
- 주로 문어에서 쓴다.
- 주로 격식적이거나 공식적인 상황에서 쓴다.

### 예문

- 새로 바뀐 법에 대해 어떤 사람들은 **찬성하는가 하면** 어떤 사람들은 반대한다.
- 수업 시간에 사전을 사용하는 것은 장점이 **있는가 하면** 단점도 있다.
- 이곳은 어떤 날은 사람이 **많은가 하면** 어떤 날은 사람이 없습니다.
- 어린 시절을 생각해 보니 즐거울 때가 **있었는가 하면** 슬프거나 힘들 때도 있었다.

## 문법 3 대로

### 의미

따로따로 구별됨을 나타낼 때 쓴다.

### 형태 및 용법

- 명사와 결합한다.
- 주로 '명사은/는 명사대로'로 쓴다.
- 보통 '명사 1은/는 명사 1대로 명사 2은/는 명사 2대로'로 쓴다.

### 예문

- 생각이 너무 다르니까 나는 **나대로** 너는 **너대로** 각자 준비하자.
- 컵은 **컵대로** 그릇은 **그릇대로** 따로 포장해 주세요.
- 여름은 **여름대로** 물놀이를 할 수 있어서 좋고 겨울은 **겨울대로** 겨울 스포츠를 즐길 수 있어서 좋아요.
- 가: 큰 차로 바꾸니까 좋지요?
  나: 장단점이 있네요. 작은 차는 **작은 차대로** 주차하기가 편해서 좋았어요.

## 문법 4 –기 마련이다

### 의미

일반적이거나 당연한 상황임을 나타낼 때 쓴다.

### 형태 및 용법

- 동사, 형용사와 결합한다.
- 과거 '–았/었–', 미래·추측의 '–겠–'과 결합하지 않는다.
- 주로 현재형으로 쓴다.
- 주로 일반적인 사실을 말할 때 사용하기 때문에 특정한 사람을 말할 때는 쓰지 않는다.
- 주로 비격식적인 상황에서 쓴다.
- 어떤 사실이 당연함을 나타내기 때문에 윗사람에게 말하면 공손하지 않게 보일 수 있다.
- '–게 마련이다'로 쓰기도 한다.

예문

- 열심히 노력하면 반드시 **성공하기 마련이에요.**
- 착하게 살면 언젠가 복을 **받기 마련이에요.**
- 자란 환경이 다르면 생각도 **다르기 마련이에요.**

# 06과 여행과 휴식

## 문법 1 -(으)ㄹ 겸

의미

두 가지 이상의 목적을 가지고 뒤의 행동을 할 때 쓴다.

형태 및 용법

| 받침 ×, ㄹ 받침 + ㄹ 겸 | 받침 ○ + 을 겸 |
|---|---|
| 만날 겸<br>만들 겸 | 읽을 겸 |

- 동사와 결합한다.
- 앞 문장과 뒤 문장의 주어가 같아야 한다.
- 과거 '-았/었-', 미래·추측의 '-겠-'과 결합하지 않는다.
- 앞 문장에 '못'을 쓰면 어색하다.
- '명사도 -(으)ㄹ 겸'으로 주로 쓴다.
- '-(으)ㄹ 겸 -(으)ㄹ 겸'으로 쓰기도 한다.
- 주로 구어에서 쓴다.

예문

- 스트레스도 **풀 겸** 노래방에 갔어요.
- 생활비도 **벌 겸** 경험도 **쌓을 겸** 아르바이트를 시작했어요.
- 바다도 **볼 겸** 회도 **먹을 겸** 부산에 가는 건 어때요?

## 문법 2 -던가요?

### 의미

상대방이 직접 경험한 사실이나 느낌에 대해 질문할 때 쓴다.

### 형태 및 용법

| | 현재 | 과거 |
|---|---|---|
| 동사 | -던가요?<br>가던가요?<br>먹던가요? | -았던가요/었던가요?<br>갔던가요?<br>먹었던가요? |
| 형용사 | -던가요?<br>크던가요?<br>작던가요? | · |
| 명사+이다 | (이)던가요?<br>친구던가요?<br>방학이던가요? | · |

- 주로 구어에서 쓴다.

### 예문

- 이리나 씨가 노래를 잘 **부르던가요**?
- 사무실에 직접 가 보니 **어떻던가요**?
- 여자 친구가 어느 나라 **사람이던가요**?
- 전시회에 사람이 많이 **왔던가요**?

## 문법 3 -아다가/어다가

### 의미

앞 문장의 행동을 하고 난 뒤에 그 결과물을 가지고 뒤 문장의 행동을 할 때 쓴다.

### 형태 및 용법

| ㅏ, ㅗ + 아다가 | ㅓ, ㅜ, ㅣ… + 어다가 | 하다 → 해다가 |
|---|---|---|
| 찾아다가 | 만들어다가 | 포장해다가 |

- 동사와 결합한다.
- 앞 문장과 뒤 문장의 주어가 같아야 한다.
- 과거 '-았/었-', 미래·추측의 '-겠-'과 결합하지 않는다.
- 앞 문장과 뒤 문장의 목적어는 같고 장소는 달라야 하기 때문에 이동할 수 있는 것이 목적어로 온다.
- 구어에서는 '-아다/어다'로 쓸 수 있다.

### 예문

- 제프리 씨, 커피 한 잔 **사다가** 줄까요?
- 도서관에서 책을 **빌려다가** 집에서 읽으려고요.
- 한국에는 **포장해다가** 먹을 수 있는 음식이 아주 많다.

## 문법 4 -듯이

### 의미

앞 문장의 내용이 뒤 문장의 내용과 거의 같음을 나타낼 때 쓴다.

### 형태 및 용법

- 동사, 형용사와 결합한다.
- 미래·추측의 '-겠-'과 결합하지 않는다.
- 관용적으로 사용하는 표현이 많다.

### 예문

- 마키 씨는 이제 한국 사람이 **말하듯이** 자연스럽게 말하네요.
- 우리 모두 생김새가 **다르듯이** 생각이 다른 것은 당연합니다.
- 운동을 오랜만에 해서 그런지 땀이 비 **오듯이** 흐르네요.

# 07과 한국의 역사와 상징

## 문법 1 얼마나 -는지/(으)ㄴ지 모르다

### 의미

상황이나 상태의 정도를 강조할 때 쓴다.

### 형태 및 용법

| | 현재 | 과거 |
|---|---|---|
| 동사, 있다/없다 | 얼마나 -는지 모르다<br>얼마나 좋아하는지 모르다<br>얼마나 빨리 읽는지 모르다<br>얼마나 많이 있는지 모르다 | 얼마나 -았는지/었는지 모르다<br>얼마나 좋아했는지 모르다<br>얼마나 빨리 읽었는지 모르다<br>얼마나 많이 있었는지 모르다 |
| 형용사 | 얼마나 -(으)ㄴ지 모르다<br>얼마나 예쁜지 모르다<br>얼마나 작은지 모르다 | 얼마나 -았는지/었는지 모르다<br>얼마나 예뻤는지 모르다<br>얼마나 작았는지 모르다 |
| 명사+이다 | 얼마나 ~인지 모르다<br>얼마나 부자인지 모르다<br>얼마나 미인인지 모르다 | 얼마나 ~였는지/이었는지 모르다<br>얼마나 부자였는지 모르다<br>얼마나 미인이었는지 모르다 |

- 동사와 결합할 때 '열심히, 빨리, 많이, 잘' 등과 같은 정도를 나타내는 부사와 함께 써야 한다. 그러나 '좋아하다, 감동하다, 놀라다' 등과 같이 말하는 사람의 느낌이나 기분을 표현하는 동사를 사용할 때는 부사를 사용하지 않아도 된다.
- 주로 구어에서 쓴다.

### 예문

- 바트 씨가 한국말을 **얼마나 빨리 하는지 몰라요**.
- 그 영화가 **얼마나 재미있는지 몰라요**.
- 제 동생은 키가 **얼마나 큰지 몰라요**.
- 윤아 씨가 **얼마나 미인인지 몰라요**.
- 어제 동대문 시장에 사람이 **얼마나 많았는지 몰라요**.

## 문법 2 –(으)ㄹ 정도로

### 의미

앞 문장의 행동이나 상태와 비슷한 수준으로 뒤 문장의 행동을 하거나 상태가 됨을 나타낼 때 쓴다.

### 형태 및 용법

| 받침 ×, ㄹ 받침 + ㄹ 정도로 | 받침 ○ + 을 정도로 |
|---|---|
| 갈 정도로<br>아플 정도로<br>만들 정도로 | 먹을 정도로<br>없을 정도로 |

- 동사, 형용사와 결합한다.
- '–(으)ㄹ 정도이다'로 쓰기도 한다.

### 예문

- 저는 일주일에 5번이나 라면을 **먹을 정도로** 라면을 좋아해요.
- 멋진 피아노 연주를 듣고 손바닥이 **아플 정도로** 열심히 박수를 쳤어요.
- 그 가수는 인기가 많아서 콘서트 표가 5분 만에 **매진될 정도였다.**

## 문법 3 치고

### 의미

앞의 말이 일반적으로 예외가 없음을 나타낼 때 쓴다.

### 형태 및 용법

- 명사와 결합한다.
- 뒤 문장에 '을/를 모르는 ~이/가 없다, –지 않는 ~이/가 없다, –지 못하는 ~이/가 없다' 등의 표현이 자주 온다.
- 주로 구어에서 쓴다.

예문

- **어린아이치고** 초콜릿을 좋아하지 않는 아이는 없을 거예요.
- **한국인치고** 세종 대왕을 모르는 사람은 없어요.
- **장핑 씨가 만든 음식치고** 맛없는 음식은 없어요.

## 문법 4 -는 데

의미

'어떤 일이나 상황에'의 뜻을 나타낼 때 쓴다.

형태 및 용법

- 동사와 결합한다.
- '-는 데' 다음에는 주로 '필요하다, 도움이 되다/안 되다, 좋다/나쁘다, 효과가 있다/없다, (시간이) 걸리다, 사용하다' 등의 표현이 온다.
- '-는 데에'로 사용할 수도 있다.

예문

- 서점에 가서 시험을 **준비하는 데** 필요한 책을 샀다.
- 아르바이트하는 것은 경험을 **쌓는 데에** 도움이 된다.

# 08과 생활과 경제

## 문법 1 -는 김에

### 의미

앞 문장의 일을 하면서 그 기회를 이용해 그 일과 관계있는 다른 일도 함께 함을 나타낼 때 쓴다.

### 형태 및 용법

| | 현재 | 과거 |
|---|---|---|
| 동사 | -는 김에<br>가는 김에<br>찾는 김에 | -(으)ㄴ 김에<br>간 김에<br>찾은 김에 |

- 과거 '-았/었-', 미래·추측의 '-겠-'과 결합하지 않는다.
- 주로 구어에서 쓴다.

### 예문

- 은행에 **가는 김에** 옆에 있는 문구점에도 들러야겠다.
- 세탁소에서 옷을 **찾는 김에** 제 옷 좀 맡겨 줄 수 있어요?
- 이렇게 **만난 김에** 어디 가서 차라도 한 잔 마실까요?

## 문법 2 -(으)ㄹ지도 모르다

### 의미

확실하지는 않지만 그 일이 일어날 가능성이 있음을 나타낼 때 쓴다.

### 형태 및 용법

| | 현재 | 과거 |
|---|---|---|
| 동사, 형용사 | **-(으)ㄹ지도 모르다**<br>갈지도 모르다<br>추울지도 모르다 | **-았을지도/었을지도 모르다**<br>갔을지도 모르다<br>추웠을지도 모르다 |
| 명사+이다 | **일지도 모르다**<br>친구일지도 모르다<br>수업 중일지도 모르다 | **였을지도/이었을지도 모르다**<br>친구였을지도 모르다<br>수업 중이었을지도 모르다 |

- 미래·추측의 '-겠-'과 결합하지 않는다.

### 예문

- 지금 사지 않으면 나중에 없어서 못 **살지도 몰라요.**
- 지난 시험은 너무 쉬웠으니까 이번 시험은 **어려울지도 몰라요.**
- 회의 **중일지도 모르니까** 나중에 전화하세요.
- 투안 씨가 벌써 **출발했을지도 몰라요.**

## 문법 3 -거든

### 의미

앞의 일이 일어나는 상황이나 조건을 나타낼 때 쓴다.

### 형태 및 용법

| | 현재 | 과거 |
|---|---|---|
| 동사, 형용사 | -거든<br>보거든<br>적거든 | -았거든/었거든<br>봤거든<br>적었거든 |

- 미래·추측의 '-겠-'과 결합하지 않는다.
- 뒤 문장에는 '명령, 청유, 부탁, 약속, 계획' 등 미래의 일과 관계있는 표현이 온다.
- 비현실적인 일을 가정할 때는 쓸 수 없다.
  예 시간 여행을 하거든 10년 전으로 돌아가고 싶어요. (×)

### 예문

- 제 고향에 **오거든** 연락하세요.
- 일이 **끝나거든** 찾아뵙겠습니다.
- 날씨가 너무 **춥거든** 다음에 갑시다.
- 책을 안 가지고 **왔거든** 옆 친구 책을 같이 보세요.

## 문법 4 -는/(으)ㄴ 반면에

### 의미

앞 문장의 내용과 뒤 문장의 내용이 반대임을 나타낼 때 쓴다.

### 형태 및 용법

| | 현재 | 과거 |
|---|---|---|
| 동사, 있다/없다 | **-는 반면에**<br>좋아하는 반면에<br>먹는 반면에<br>있는 반면에 | **-(으)ㄴ 반면에**<br>좋아한 반면에<br>먹은 반면에 |
| 형용사 | **-(으)ㄴ 반면에**<br>큰 반면에<br>작은 반면에 | · |
| 명사+이다 | **인 반면에**<br>부자인 반면에<br>겨울인 반면에 | · |

- 과거 '-았/었-', 미래·추측의 '-겠-'과 결합하지 않는다.
- 뒤 문장에 명령문이나 청유문이 올 수 없다.
- 주로 문어에서 쓰며, 문어에서는 '에'를 생략할 수 있다.
- 주로 격식적인 상황에서 쓴다.

### 예문

- 내 동생은 공부를 **잘하는 반면에** 운동은 잘 못한다.
- 우리 회사는 월급이 **많은 반면에** 일이 힘들다.
- 우리 고향은 지금 **여름인 반면에** 한국은 지금 겨울이다.
- 언니는 시험에 **합격한 반면에** 나는 시험에 떨어졌다.

# 4-2 문법

## 09과 문화를 즐기는 삶

### 문법 1 사동(-이-, -히-, -리-, -기-, -우-, -추-)

**의미**

다른 사람이 어떤 일을 하도록 할 때 쓴다.

**형태 및 용법**

| -이- | | -히- | | -리- | | -기- | | -우- | | -추- | |
|---|---|---|---|---|---|---|---|---|---|---|---|
| 동사 | 사동사 | 동사 | 사동사 | 동사 | 사동사 | 동사 | 사동사 | 동사 | 사동사 | 동사 | 사동사 |
| 보다 | 보이다 | 읽다 | 읽히다 | 살다 | 살리다 | 벗다 | 벗기다 | 자다 | 재우다 | 늦다 | 늦추다 |
| 먹다 | 먹이다 | 앉다 | 앉히다 | 알다 | 알리다 | 웃다 | 웃기다 | 타다 | 태우다 | 낮다 | 낮추다 |
| 죽다 | 죽이다 | 입다 | 입히다 | 울다 | 울리다 | 씻다 | 씻기다 | 서다 | 세우다 | 맞다 | 맞추다 |
| 끓다 | 끓이다 | 눕다 | 눕히다 | 돌다 | 돌리다 | 감다 | 감기다 | 깨다 | 깨우다 | | |
| 붙다 | 붙이다 | 식다 | 식히다 | 듣다 | 들리다 | 남다 | 남기다 | 크다 | 키우다 | | |
| 줄다 | 줄이다 | 넓다 | 넓히다 | 늘다 | 늘리다 | 맡다 | 맡기다 | 쓰다 | 씌우다 | | |

**예문**

- 아기를 침대에 **눕히는** 게 좋겠어요.
- 책상에 좋아하는 가수의 사진을 **붙였다**.
- 이번 회의의 결과를 사람들에게 **알려** 주십시오.
- 지하철역 앞 도로를 **넓히고** 있어서 주변에 길이 많이 막힙니다.

## 문법 2 -길래

### 의미

앞 문장이 이유나 원인이 되어서 말하는 사람이 뒤 문장의 행동을 하게 되었을 때 쓴다. 이때 원인은 말하는 사람에게 있지 않고 주로 다른 사람이나 외부적인 상황에 있다.

### 형태 및 용법

| | 현재 | 과거 |
|---|---|---|
| 동사, 형용사 | -길래<br>마시길래<br>많길래 | -았길래/었길래<br>마셨길래<br>많았길래 |
| 명사 | (이)길래<br>어린이길래<br>수업 중이길래 | 였길래/이었길래<br>어린이였길래<br>수업 중이었길래 |

- 미래·추측의 '-겠-'과 결합하지 않는다.
- 평서문의 경우 주로 앞 문장의 주어는 2, 3인칭이 오고 뒤 문장의 주어는 1인칭이 온다.
- 뒤 문장에 명령문이나 청유문이 올 수 없다.
- 다른 사람에게서 들은 내용을 말할 때는 '-ㄴ다길래/는다길래/다길래, (이)라길래' 등으로 사용한다.
- 주로 구어에서 쓴다.

### 예문

- 비가 많이 **오길래** 여행을 취소했어요.
- 요즘 딸기가 **맛있길래** 사 왔습니다.
- 친구한테 전화했는데 통화 **중이길래** 이따가 전화하려고요.
- 사과가 다 **팔렸길래** 바나나를 사 왔어.
- 새로 문을 연 커피숍 분위기가 **괜찮다길래** 가 봤어요.
- 친구가 방학 때 제주도에 **가자길래** 가 보려고 해요.

## 문법 3 –도록

**의미**

'그 시간이나 상황에 이를 때까지'의 뜻을 나타낼 때 쓴다.

**형태 및 용법**

- 동사와 결합한다.
- 과거 '–았/었–', 미래·추측의 '–겠–'과 결합하지 않는다.
- 앞 문장에 '안, 못'을 쓰면 어색하다.
- 주로 '밤새다, (시간이) 넘다/지나다/되다' 등과 같은 표현과 결합한다.
- 관용적으로 사용하는 표현이 많다.

**예문**

- 오랜만에 고향 친구를 만나서 **밤새도록** 이야기를 나누었다.
- 동생이 새벽 1시가 **넘도록** 안 들어와서 얼마나 걱정했는지 몰라요.
- 부모님이 한국에 오시는 날만 눈이 **빠지도록** 기다리고 있어요.

## 문법 4 –고 말다

**의미**

원하지 않은 결과가 일어나서 아쉬움, 안타까움, 섭섭함, 후회함을 나타낼 때 쓴다.

**형태 및 용법**

- 동사와 결합한다.
- 과거 '–았/었–', 미래·추측의 '–겠–'과 결합하지 않는다.

**예문**

- 밤에 안 먹으려고 했는데 또 **먹고 말았**네.
- 일주일 내내 야근을 했더니 결국 몸살이 **나고 말았**어요.
- 이번에는 될 줄 알았는데 면접시험에서 **떨어지고 말았**어.
- 부모님 사업에 문제가 생겨서 같은 방 친구가 갑자기 고향으로 **돌아가고 말았다**.

# 10과 재미있는 한국어

## 문법 1 -ㄴ다고/는다고/다고

### 의미

속담이나 관용구 등 일반적으로 자주 사용하는 익숙한 표현을 인용할 때 쓴다.

### 형태 및 용법

| | |
|---|---|
| 동사 | -ㄴ다고/는다고<br>간다고<br>먹는다고 |
| 형용사 | -다고<br>크다고<br>맑다고 |
| 명사+이다 | (이)라고<br>다홍치마라고<br>산이라고 |

### 예문

- 낮말은 새가 듣고 밤말은 쥐가 **듣는다고** 어디에서든지 말조심을 해야지요.
- 가는 말이 고와야 오는 말이 **곱다고** 내가 먼저 좋게 말해야 남도 좋게 말한다.
- 시간은 **금이라고** 시간을 소중하게 생각해야 한다.

## 문법 2 -(으)ㄹ 게 아니라

### 의미

앞의 일을 선택하지 않고 뒤의 일을 선택함을 나타낼 때 쓴다.

### 형태 및 용법

| 받침 ×, ㄹ 받침 + ㄹ 게 아니라 | 받침 ○ + 을 게 아니라 |
|---|---|
| 갈 게 아니라<br>울 게 아니라 | 먹을 게 아니라<br>있을 게 아니라 |

- 동사와 결합한다.
- 앞 문장과 뒤 문장의 주어가 같아야 한다.
- 과거 '-았/었-', 미래·추측의 '-겠-'과 결합하지 않는다.
- 뒤 문장은 보통 명령문이나 청유문으로 쓰는 것이 자연스럽다.
- 주로 구어에서 쓴다.

### 예문

- 여기에서 **이야기할 게 아니라** 커피숍에라도 들어가서 이야기합시다.
- 가: 문화 체험 갈 때 이 구두를 신어야겠어요.
  나: 많이 걸을 테니까 구두를 **신을 게 아니라** 편한 신발을 신고 가세요.
- 가: 더운데 창문을 좀 열까요?
  나: 밖에 공기가 안 좋으니까 창문을 **열 게 아니라** 에어컨을 켜지 그래요?

## 문법 3 -고 보니

### 의미

앞의 행동을 하고 나서 뒤의 일을 새로 알게 되었음을 나타낼 때 쓴다.

### 형태 및 용법

- 동사와 결합한다.
- 과거 '-았/었-', 미래·추측의 '-겠-'과 결합하지 않는다.
- 뒤 문장에 명령문이나 청유문이 올 수 없다.
- 구어에서는 '-고 보니까'로 쓰기도 한다.

### 예문

- 버스에서 **내리고 보니** 우산이 없었다.
- 밥을 다 **먹고 보니** 지갑을 안 가지고 왔다.

## 문법 4 어찌나 -는지/(으)ㄴ지

### 의미

상황이나 일의 정도가 매우 심해서 뒤의 결과가 나타날 때 쓴다.

### 형태 및 용법

| | 현재 | 과거 |
|---|---|---|
| 동사, 있다/없다 | **어찌나 -는지**<br>어찌나 자주 만나는지<br>어찌나 빨리 먹는지<br>어찌나 많이 있는지 | **어찌나 -았는지/었는지**<br>어찌나 자주 만났는지<br>어찌나 빨리 먹었는지<br>어찌나 많이 있었는지 |
| 형용사 | **어찌나 -(으)ㄴ지**<br>어찌나 큰지<br>어찌나 좋은지 | **어찌나 -았는지/었는지**<br>어찌나 컸는지<br>어찌나 좋았는지 |
| 명사+이다 | **어찌나 ~인지**<br>어찌나 친한 친구인지<br>어찌나 미인인지 | **어찌나 ~였는지/이었는지**<br>어찌나 친한 친구였는지<br>어찌나 미인이었는지 |

- 동사와 결합할 때 '열심히, 빨리, 많이, 잘' 등과 같은 정도를 나타내는 부사와 함께 써야 한다. 그러나 '좋아하다, 감동하다, 놀라다' 등과 같이 말하는 사람의 느낌이나 기분을 표현하는 동사를 사용할 때는 부사를 사용하지 않아도 된다.
- 미래·추측의 '-겠-'과 결합하지 않는다.
- 명령문이나 청유문으로 쓸 수 없다.
- 주로 구어에서 쓴다.

### 예문

- 친구가 **어찌나 빨리 말하는지** 이해할 수 없다.
- 음식이 **어찌나 맛있는지** 혼자 3인분이나 먹었다.
- 일이 **어찌나 많은지** 밤을 새워도 끝낼 수 없다.
- 민호 씨는 **어찌나 부자인지** 물건을 살 때 가격을 본 적이 없다고 한다.
- **어찌나 많이 잤는지** 일어나니까 허리가 아팠다.

# 11과 스포츠와 우리의 생활

## 문법 1 –더니[2]

### 의미

과거에 경험하여 알게 된 것과 다른 상황이나 사실을 나타낼 때 쓴다.

### 형태 및 용법

- 동사, 형용사와 결합한다.
- 1인칭 주어를 사용할 수 없고 2, 3인칭 주어를 사용한다.
- 과거 '–았/었–', 미래·추측의 '–겠–'과 결합하지 않는다.
- 뒤 문장에 명령문이나 청유문이 올 수 없다.
- 뒤 문장에 미래형이 올 수 없다.
- 주로 구어에서 쓴다.

### 예문

- 제프리 씨가 지난 학기에는 결석을 **안 하더니** 이번 학기에는 많이 한다.
- 아침에는 **흐리더니** 지금은 맑다.

## 문법 2 –는지/(으)ㄴ지

### 의미

뒤의 내용에 대한 정확하지 않은 이유를 추측할 때 쓴다.

### 형태 및 용법

| | 현재 | 과거 |
|---|---|---|
| 동사, 있다/없다 | –는지<br>보는지<br>찾는지<br>있는지 | –았는지/었는지<br>봤는지<br>찾았는지<br>있었는지 |
| 형용사 | –(으)ㄴ지<br>기쁜지<br>좋은지 | –았는지/었는지<br>기뻤는지<br>좋았는지 |
| 명사+이다 | 인지<br>친구인지<br>외국인인지 | 였는지/이었는지<br>친구였는지<br>외국인이었는지 |

- 미래·추측의 '–겠–'과 결합하지 않는다.
- 뒤 문장에 명령문이나 청유문이 올 수 없다.

### 예문

- 밖에서 누가 **싸우는지** 시끄러운 소리가 들린다.
- 저 식당은 음식이 **맛있는지** 항상 사람이 많다.
- 이리나 씨가 오늘 기분이 **좋은지** 계속 웃는다.
- 저 사람은 **부자인지** 차가 다섯 대나 있다.
- 제프리 씨가 아침을 안 **먹었는지** 배에서 꼬르륵 소리가 났다.

## 문법 3 여간 -지 않다

### 의미

상황이나 상태의 정도가 보통 이상임을 강조할 때 쓴다.

### 형태 및 용법

| | 현재 | 과거 |
|---|---|---|
| 동사, 형용사 | **여간 -지 않다**<br>여간 많이 먹지 않다<br>여간 크지 않다 | **여간 -지 않았다**<br>여간 많이 먹지 않았다<br>여간 크지 않았다 |
| 명사+이다 | **여간 ~이/가 아니다**<br>여간 친한 친구가 아니다<br>여간 미인이 아니다 | **여간 ~이/가 아니었다**<br>여간 친한 친구가 아니었다<br>여간 미인이 아니었다 |

- 동사와 결합할 때 '열심히, 빨리, 많이, 잘' 등과 같은 정도를 나타내는 부사와 함께 써야 한다. 그러나 '좋아하다, 감동하다, 놀라다' 등과 같이 말하는 사람의 느낌이나 기분을 표현하는 동사를 사용할 때는 부사를 사용하지 않아도 된다.
- 동사, 형용사일 때는 '여간 -는/(으)ㄴ 게 아니다'로 쓰기도 한다.
- 명사일 때는 '여간 ~이/가 아니다'로만 쓴다.
- 과거 '-았/었-', 미래·추측의 '-겠-'과 결합하지 않는다.
- 주로 격식적이거나 공식적인 상황에서 쓴다.

### 예문

- 마키가 한국 음식을 **여간 잘 먹지 않습니다.**
- 최근 몇 년 간 여름 날씨가 **여간 더운 게 아닙니다.**
- 새로 사귄 친구가 **여간 좋은 사람이 아니다.**
- 여행지의 경치가 **여간 멋있지 않았다.**
- 산에 갔는데 비가 오는 바람에 **여간 고생하지 않았다.**

## 문법 4 -(으)려야 -(으)ㄹ 수 없다

### 의미

어떤 일을 하려고 하지만 결국 할 수 없음을 강조할 때 쓴다.

### 형태 및 용법

| 받침 ×, ㄹ 받침 + 려야 -ㄹ 수 없다 | 받침 ○ + 으려야 -을 수 없다 |
|---|---|
| 보려야 볼 수 없다<br>살려야 살 수 없다 | 참으려야 참을 수 없다 |

- 동사와 결합한다.
- 주어로 1인칭만 올 수 있다.
- 과거 '-았/었-', 미래·추측의 '-겠-'과 결합하지 않는다.
- '-(으)려야 -(으)ㄹ 수가 없다'로 쓰기도 한다.
- 구어에서는 '-(으)ㄹ래야 -(으)ㄹ 수 없다'로 쓸 수 있다.

### 예문

- 숙제가 너무 많아서 일찍 **자려야 잘 수 없다.**
- 휴대폰이 어디로 사라졌는지 **찾으려야 찾을 수가 없다.**
- 과일이 상해 버려서 **팔려야 팔 수 없다.**

# 12과 사건과 사고

## 문법 1 -(으)ㄹ 수밖에 없다

### 의미

다른 방법이나 대안이 없거나 다른 가능성이 없음을 나타낼 때 쓴다.

### 형태 및 용법

| 동사, 형용사 | **-(으)ㄹ 수밖에 없다**<br>갈 수밖에 없다<br>좋을 수밖에 없다 |
|---|---|
| 명사+이다 | **일 수밖에 없다**<br>좋은 학생일 수밖에 없다 |

- 과거 '-았/었-', 미래·추측의 '-겠-'과 결합하지 않는다.

### 예문

- 태풍 때문에 비가 많이 오니까 그 행사를 **취소할 수밖에 없었어요.**
- 가: 교통사고 피해가 컸다면서요?
  나: 네, 음주 운전 사고였어요. 그러니까 피해가 **클 수밖에 없어요.**
- 그렇게 열심히 공부하니까 **장학생일 수밖에 없지요.**

## 문법 2 만으로는

### 의미

'다른 것을 하지 않고 단지 그것만으로는'의 뜻을 나타낼 때 쓴다.

### 형태 및 용법

- 명사와 결합하거나 명사구와 결합한다.

- '만으로는' 다음에는 '–(으)ㄹ 수 없다, 충분하지 않다, 부족하다, 모자라다, –기 어렵다, –기 힘들다' 등과 같은 표현이 주로 온다.

**예문**

- **영어 하나만으로는** 부족하다. 다른 외국어도 할 줄 알아야 성공하기 쉽다.
- **문법 책에 나와 있는 설명만으로는** 충분하지 않다. 선생님의 설명도 들어야 한다.
- **새로운 상품을 만드는 것만으로는** 힘듭니다. 광고도 잘해야 합니다.

## 문법 3 –자면

**의미**

의도나 상황을 가정할 때 쓴다.

**형태 및 용법**

- 동사와 결합한다.
- 과거 '–았/었–', 미래·추측의 '–겠–'과 결합하지 않는다.
- 뒤 문장에 명령문이나 청유문이 올 수 없다.
- 앞 문장에 '못'을 쓰면 어색하다.
- 주로 문어에서 쓴다.
- 주로 격식적이거나 공식적인 상황에서 쓴다.

**예문**

- 교통 문제를 **해결하자면** 시민들의 도움이 필요하다.
- 건강하게 **살자면** 운동을 해야 합니다.

## 문법 4 -는/(으)ㄴ 만큼

### 의미

뒤 문장의 상황이나 내용에 대한 원인이나 근거를 나타낼 때 쓴다.

### 형태 및 용법

| | 현재 | 과거 |
|---|---|---|
| 동사, 있다/없다 | **-는 만큼**<br>가는 만큼<br>먹는 만큼<br>있는 만큼 | **-(으)ㄴ 만큼**<br>간 만큼<br>먹은 만큼 |
| 형용사 | **-(으)ㄴ 만큼**<br>좋은 만큼<br>나쁜 만큼 | · |
| 명사+이다 | **인 만큼**<br>문제인 만큼<br>학생인 만큼 | · |

- 과거 '-았/었-', 미래·추측의 '-겠-'과 결합하지 않는다.
- 주로 격식적인 상황에서 쓴다.

### 예문

- 모든 사람들이 **도와주는 만큼** 문제는 곧 해결될 것이다.
- 환경 문제는 **중요한 만큼** 모든 사람들이 관심을 가져야 합니다.
- 그것은 중요한 **문제인 만큼** 우리 모두 같이 해결 방법을 찾읍시다.
- 열심히 **준비한 만큼** 원하는 결과를 얻을 수 있을 겁니다.

# 13과 동식물과 함께하는 생활

## 문법 1 은/는커녕, -기는커녕

### 의미

앞의 것은 말할 필요도 없고 그것보다 더 기본적이고 쉬운 것도 불가능함을 표현하거나 뒤 문장의 내용이 앞 문장에서 기대했던 것과 전혀 다른 결과임을 나타낼 때 쓴다.

### 형태 및 용법

| 명사 | 은/는커녕<br>숙제는커녕<br>밥은커녕 |
|---|---|
| 동사, 형용사 | -기는커녕<br>가기는커녕<br>좋기는커녕 |

- 과거 '-았/었-', 미래·추측의 '-겠-'과 결합하지 않는다.
- 뒤 문장에 의문문, 명령문, 청유문이 올 수 없다.
- 뒤 문장에는 주로 '못, -지 못하다, 안, -지 않다'와 같은 부정 표현이 오거나 '힘들다, 어렵다, 귀찮다' 등과 같은 부정적인 의미를 가진 표현들이 온다.
- 주로 구어에서 쓴다.
- 주로 비격식적이고 일상적인 상황에서 쓴다.

### 예문

- **만 원은커녕** 백 원도 없어요.
- 가: 주말에 잘 쉬었어요?
  나: 회사에 급한 일이 생기는 바람에 **쉬기는커녕** 오히려 주말 내내 회사에서 일했어요.

## 문법 2 -는걸요/(으)ㄴ걸요

### 의미

상대방의 말이나 의견을 가볍게 반박할 때 쓴다.

### 형태 및 용법

| | 현재 | 과거 |
|---|---|---|
| 동사, 있다/없다 | -는걸요<br>가는걸요<br>먹는걸요<br>있는걸요 | -았는걸요/었는걸요<br>갔는걸요<br>먹었는걸요<br>있었는걸요 |
| 형용사 | -(으)ㄴ걸요<br>나쁜걸요<br>적은걸요 | -았는걸요/었는걸요<br>나빴는걸요<br>적었는걸요 |
| 명사+이다 | 인걸요<br>별로인걸요<br>선생님인걸요 | 였는걸요/이었는걸요<br>별로였는걸요<br>선생님이었는걸요 |

- 주로 구어에서 쓴다.
- 주로 비격식적이거나 일상적인 상황에서 쓴다.
- 윗사람에게는 잘 사용하지 않는다.

### 예문

- 가: 지금 혼자 살지요?
  나: 아니요, 지금 기숙사에서 **사는걸요.**
- 가: 이 식당 음식 맛있지요?
  나: 그래요? 제 입맛에는 좀 **짠걸요.**
- 가: 이 노래 좋지요?
  나: 글쎄요, 저는 좀 **별로인걸요.**
- 가: 내일 시험인데 공부 많이 했지요?
  나: 아니요, 바빠서 하나도 **못 했는걸요.**

## 문법 3 –(으)나 마나

### 의미

그렇게 하나 하지 않으나 소용이 없거나 변하지 않음을 나타낼 때 쓴다.

### 형태 및 용법

| 받침 ×, ㄹ 받침 + 나 마나 | 받침 ○ + 으나 마나 |
|---|---|
| 가나 마나<br>만드나 마나 | 먹으나 마나 |

- 동사와 결합한다.
- 과거 '–았/었–', 미래·추측의 '–겠–'과 결합하지 않는다.
- 뒤 문장에 명령문이나 청유문이 올 수 없다.
- 앞 문장에 '안, 못'을 쓸 수 없다.

### 예문

- 약을 먹어도 낫지 않아요. **먹으나 마나예요.**
- 가: 윤아 씨가 이번에도 장학금을 받겠지요?
  나: 항상 열심히 공부하니까 **보나 마나** 이번에도 받을 거예요.
- 날씨가 너무 더운데 바람이 불지 않아서 창문을 **여나 마나예요.**

## 문법 4 (이)나 다름없다

### 의미

거의 비슷하거나 같음을 나타낼 때 쓴다.

### 형태 및 용법

| 받침 × + 나 다름없다 | 받침 ○ + 이나 다름없다 |
|---|---|
| 형제나 다름없다 | 가족이나 다름없다 |

- 명사나 명사구와 결합하여 사용한다.

### 예문

- 할머니는 **어머니나 다름없어요.** 어릴 때 저를 키워 주셨거든요.
- 우리 집 강아지는 저에게 **가족이나 다름없어요.**
- 30분밖에 못 잤으니까 어제 **안 잔 거나 다름없어요.**

## 14과 소중한 환경

### 문법 1 에 달려 있다

### 의미

어떤 일이 무엇에 의해 큰 영향을 받는 것을 나타낼 때 쓴다.

### 형태 및 용법

- 명사와 결합한다.
- 사람 명사와 결합할 때는 '에게 달려 있다'로 쓴다.
- 동사와 함께 '–기에 달려 있다'로 쓰기도 한다.
- '–느냐에 달려 있다'로도 사용할 수 있으며 결합 정보는 아래 표와 같다.
  이러한 표현으로 쓸 때는 '얼마나, 어떻게, 언제' 등의 의문사와 함께 써야 한다.

| | 현재 | 과거 |
|---|---|---|
| 동사, 있다/없다 | **–느냐에 달려 있다**<br>가느냐에 달려 있다<br>먹느냐에 달려 있다<br>있느냐에 달려 있다 | **–았느냐/었느냐에 달려 있다**<br>갔느냐에 달려 있다<br>먹었느냐에 달려 있다<br>있었느냐에 달려 있다 |
| 형용사 | **–(으)냐에 달려 있다**<br>빠르냐에 달려 있다<br>적으냐에 달려 있다 | **–았느냐/었느냐에 달려 있다**<br>빨랐느냐에 달려 있다<br>적었느냐에 달려 있다 |

### 예문

- 식당의 성공은 **음식 맛에** 달려 있습니다.
- 나라의 미래는 **국민에게** 달려 있다.
- 모든 일은 **생각하기에** 달려 있어요.
- 건강은 **얼마나 좋은 음식을 먹느냐에** 달려 있다.

## 문법 2 -다가는

### 의미

앞 문장의 행동을 여러 번 하면 그것이 원인이 되어 미래에 부정적인 결과가 생길 수 있다는 것을 나타낼 때 쓴다.

### 형태 및 용법

- 동사와 결합한다.
- 미래·추측의 '-겠-'과 결합하지 않는다.
- 뒤 문장에 명령문이나 청유문이 올 수 없다.
- '-다가는' 다음에는 '-(으)ㄹ 거예요, -(으)ㄹ지도 몰라요, -(으)ㄹ 텐데요, -겠어요' 등과 같은 표현이 온다.
- '-다가는' 앞에는 '이렇게, 그렇게, 저렇게, 계속' 등과 같이 쓸 때가 많다.

### 예문

- 이렇게 음식을 **버리다가는** 땅이 오염될 거예요.
- 그렇게 자주 밤에 간식을 **먹다가는** 건강이 안 좋아질지도 몰라요.

## 문법 3 -(으)ㄴ 채로

### 의미

과거의 행동이 지속되고 있는 상태로 다음 동작이 일어나고 있음을 나타낼 때 쓴다.

### 형태 및 용법

| 받침 ×, ㄹ 받침 + ㄴ 채로 | 받침 ㅇ + 은 채로 |
|---|---|
| 켠 채로<br>만든 채로 | 놓은 채로 |

- 동사와 결합한다.
- 앞 문장과 뒤 문장의 주어가 같아야 한다.
- '–아/어 놓은 채로'로 쓸 때가 많다.

### 예문

- 아까 너무 정신이 없어서 안경을 **낀 채로** 세수했어요.
- 주머니에 손을 **넣은 채로** 걸으면 위험해요.
- 무거운 짐을 **든 채로** 계속 서 있지 말고 여기에 앉으세요.
- 어제 피곤해서 텔레비전을 **켜 놓은 채로** 잠들었어요.

## 문법 4 –는/(으)ㄴ 법이다

### 의미

어떤 일이나 상태가 그렇게 되는 것이 당연하다는 것을 나타낼 때 쓴다.

### 형태 및 용법

| | |
|---|---|
| 동사, 있다/없다 | –는 법이다<br>실수하는 법이다<br>먹는 법이다<br>있는 법이다 |
| 형용사 | –(으)ㄴ 법이다<br>아픈 법이다<br>싫은 법이다 |

- 주로 일반적인 사실을 말할 때 사용하기 때문에 특정한 사람을 말할 때는 쓰지 않는다.
- 과거 '-았/었-', 미래·추측의 '-겠-'과 결합하지 않는다.
- 주로 현재형으로 쓴다.
- 부정문을 만들 때는 '-지 않는 법이다'로 쓴다.
- 어떤 사실이 당연함을 나타내기 때문에 윗사람에게 말하면 공손하지 않게 보일 수 있다.

예문

- 누구나 처음에는 **실수하는 법이에요**.
- 좋은 일을 하면 복을 **받는 법이다**.
- 기대가 클수록 실망도 **큰 법이다**.

## 15과 과학과 기술

### 문법 1 -더라도

의미

앞 문장의 내용을 가정해도 뒤 문장의 내용이 영향을 받지 않음을 나타낼 때 쓴다.

형태 및 용법

| | 현재 | 과거 |
|---|---|---|
| 동사, 형용사 | -더라도<br>가더라도<br>적더라도 | -았더라도/었더라도<br>갔더라도<br>적었더라도 |
| 명사+이다 | (이)더라도<br>친구더라도<br>처음이더라도 | 였더라도/이었더라도<br>친구였더라도<br>처음이었더라도 |

- 미래·추측의 '-겠-'과 결합하지 않는다.
- '아무리' 등과 같이 쓸 때가 많다.

### 예문

- 신입 사원이니까 **실수하더라도** 이해해 줄 필요가 있다.
- 아무리 **맛있더라도** 매일 같은 음식만 먹을 수는 없다.
- 친한 **친구더라도** 서로 예의를 지켜야 한다.
- 늦게 **일어났더라도** 학교에 꼭 와야 한다.

## 문법 2 -ㄴ다든가/는다든가/다든가

### 의미

여러 가지 중에서 한두 가지 예를 들어 말할 때 쓴다.

### 형태 및 용법

| | 현재 | 과거 |
|---|---|---|
| 동사 | -ㄴ다든가/는다든가<br>간다든가<br>읽는다든가 | -았다든가/었다든가<br>갔다든가<br>읽었다든가 |
| 형용사 | -다든가<br>피곤하다든가<br>작다든가 | -았다든가/었다든가<br>피곤했다든가<br>작았다든가 |

- '-ㄴ다든가/는다든가/다든가 -ㄴ다든가/는다든가/다든가 하다'로 주로 쓴다.

### 예문

- 시간이 있으면 집에서 음악을 **듣는다든가** 요리를 **한다든가** 해요.
- 날씨가 **흐리다든가** 너무 **춥다든가** 하면 실내 활동을 해야겠다.
- 유명한 사람이 **사용한다든가** 기능이 **좋다든가** 하면 제품이 잘 팔린다.
- 감기에 **걸렸다든가** 배탈이 **났다든가** 할 때 먹을 상비약을 챙겨 왔다.

## 문법 3 -(으)ㄹ 뿐이다

### 의미

그것만 있고 다른 것은 더 없음을 나타낼 때 쓴다.

### 형태 및 용법

| | 현재 | 과거 |
|---|---|---|
| 동사, 형용사 | **-(으)ㄹ 뿐이다**<br>갈 뿐이다<br>좋을 뿐이다 | **-았을/었을 뿐이다**<br>갔을 뿐이다<br>좋았을 뿐이다 |
| 명사+이다 | **일 뿐이다**<br>친구일 뿐이다<br>학생일 뿐이다 | **였을/이었을 뿐이다**<br>친구였을 뿐이다<br>학생이었을 뿐이다 |

- 미래·추측의 '-겠-'과 결합하지 않는다.
- 공손함을 표현할 때 쓸 수도 있다.

### 예문

- 큰 목표 없이 그냥 열심히 **살 뿐이다.**
- 문제를 해결할 방법이 생각나지 않아서 **답답할 뿐이다.**
- 나는 경영학을 공부하는 평범한 **대학생일 뿐이다.**
- 가: 한국어를 정말 잘하는데 따로 한국어를 공부했어요?
  나: 아니에요. 한국 가수를 좋아해서 노래를 많이 **들었을 뿐이에요.**
- 가: 회의에 참석하지 못해서 **죄송할 뿐입니다.**
  나: 급한 일이 있으면 그럴 수도 있지요.

### 문법 4 (이)란 ~을/를 말한다

**의미**

어떤 대상을 정의하거나 뜻을 설명할 때 쓴다.

**형태 및 용법**

| 받침 × + 란 | 받침 ○ + 이란 |
|---|---|
| 기부란 | 스마트폰이란 |

- 명사와 결합한다.
- '(이)란 ~을/를 가리킨다'로 쓰기도 한다.

**예문**

- **미세 먼지란** 보통 먼지들보다 크기가 훨씬 작은 먼지**를 말한다.**
- **기행문이란** 여행하면서 경험한 일을 시간 순서대로 쓴 글**을 말한다.**

## 16과 추억과 그리움

### 문법 1 -았던/었던 것 같다

**의미**

과거의 경험을 회상하여 말하는 것으로 말하는 사람의 기억이 확실하지 않을 때 쓴다.

**형태 및 용법**

| | ㅏ, ㅗ + 았던 것 같다 | ㅓ, ㅜ, ㅣ··· + 었던 것 같다 | 하다 → 했던 것 같다 |
|---|---|---|---|
| 동사,<br>형용사 | 왔던 것 같다<br>좋았던 것 같다 | 배웠던 것 같다<br>적었던 것 같다 | 요리했던 것 같다<br>깨끗했던 것 같다 |

| | 받침 × + 였던 것 같다 | 받침 ○ + 이었던 것 같다 |
|---|---|---|
| **명사+이다** | 친구였던 것 같다 | 학생이었던 것 같다 |

- 미래·추측의 '–겠–'과 결합하지 않는다.
- 주로 구어에서 쓴다.
- 주로 비격식적인 상황에서 쓴다.

### 예문

- 이 영화 예전에 **봤던 것 같아**. 익숙한 장면이 많아.
- 이 식당 음식이 **맛있었던 것 같은데** 오늘 먹어 보니까 맛이 없네요.
- 제가 어렸을 때 가장 좋아한 물건은 **인형이었던 것 같아요**.

## 문법 2 조차, –기조차

### 의미

가장 기본이 되는 것이라는 의미로 예상·기대하지 못한 마지막 상황이 일어났을 때 쓴다.

### 형태 및 용법

| | |
|---|---|
| **명사** | **조차**<br>친구조차<br>밥조차 |
| **동사** | **–기조차**<br>자기조차<br>먹기조차 |

- '조차/–기조차' 다음에는 '–지 못하다, –지 않다, –(으)ㄹ 수 없다, 힘들다' 등과 같이 부정을 나타내는 표현이 온다.
- '은/는커녕'과 같이 자주 사용한다.
- '조차도, 에조차, 에게조차, 에서조차' 등과 같이 다른 조사와 함께 사용할 수 있다.

예문

- 친구와 문제가 생긴 이후로 **인사조차** 안 하는 사이가 되었어요.
- 그 집은 너무 시끄러워서 공부하기는커녕 **잠자기조차** 힘들어.
- 친한 **친구에게조차** 말할 수 없는 비밀이 있어요.

## 문법 3 -는/(으)ㄴ 척하다

의미

실제로 그렇지 않지만 그런 것처럼 거짓으로 말할 때 쓴다.

형태 및 용법

| | 현재 | 과거 |
|---|---|---|
| 동사, 있다/없다 | **-는 척하다**<br>자는 척하다<br>먹는 척하다<br>있는 척하다 | **-(으)ㄴ 척하다**<br>잔 척하다<br>먹은 척하다 |
| 형용사 | **-(으)ㄴ 척하다**<br>예쁜 척하다<br>좋은 척하다 | · |
| 명사+이다 | **인 척하다**<br>친구인 척하다<br>학생인 척하다 | · |

- 과거 '-았/었-', 미래·추측의 '-겠-'과 결합하지 않는다.

예문

- 제 동생은 게임하다가 어머니만 오시면 **공부하는 척해요**.
- 모임에 가고 싶지 않아서 **아픈 척하고** 집에 왔어요.
- 제가 가게에서 **한국 사람인 척했는데** 사람들이 믿더라고요.
- 친구가 불렀는데 바빠서 못 **들은 척했어요**.

## 문법 4 –던 때가 엊그제 같은데

### 의미

앞의 내용이 얼마 전에 일어난 것 같은데 벌써 시간이 많이 지나서 뒤의 상황에 왔음을 나타낼 때 쓴다.

### 형태 및 용법

- 동사와 결합한다.
- 한 번 있었던 일에는 '–았던/었던 때가 엊그제 같은데'로 쓴다.

### 예문

- 같이 **공부하던 때가 엊그제 같은데** 벌써 졸업을 하네요.
- 우리가 처음 **만났던 때가 엊그제 같은데** 벌써 4년이 지났다.
- 고등학교를 **졸업했던 때가 엊그제 같은데**…….

# 4-1 어휘·표현

## 01과 꿈과 미래

| 어휘 | 의미 |
| --- | --- |
| **어휘·표현** | |
| -가 | |
| -자 | |
| -사 | |
| -원 | |
| -관 | |
| 번역가 명 | |
| 과학자 명 | |
| 통역사 명 | |
| 외교관 명 | |
| 프로그래머 명 | |
| 흥미 명 | |
| 재능 명 | |
| 적성 명 | |
| 전망 명 | |
| 분야 명 | |
| 능력 명 | |
| 극복하다 동 | |
| **문법 1, 2** | |
| 동기 명 | |
| 최우수상 명 | |
| 비결 명 | |
| 목표 명 | |
| 최우수 명 | |
| 자신 명 | |
| 성공하다 동 | |
| 바라다 동 | |
| 예정 명 | |
| 출석부 명 | |
| 면접시험 명 | |
| 설명 명 | |

똑같이 부

말하기·말하기 활동

면접관 명

권하다 동

건축학과

관련되다 동

경영학과

컴퓨터공학과

호기심 명

법학과

훌륭하다 형

지원자 명

예상 명

평가하다 동

평가 명

듣고 말하기

선택하다 동

만화학과

진학하다 동

솔직히 부

포기하다 동

의대 명

안정적 관 명

무서움 명

영어영문학과

시 명 예 시를 쓰다

문학 명

영어학과

기대 명

활동 명

마음먹다 동

결국 명 부

그만두다 동

후회되다 동

문법 3, 4

취직하다 동

읽고 말하기

교사 명

자격증 명

교류하다 동

교수 명

국제 명

무역 명

국제화 명

재학 명

학년 명

필리핀

피하다 동

비율 명

따라가다 동

밤을 새우다

발전 명

자유롭다 형

깊이 부

꿈꾸다 동

## 02과 대인 관계

어휘 | 의미

### 어휘·표현

대인 명

공적 관명

사적 관명

충고하다 동

격려하다 동

설득하다 동

믿다 동

충고 명

칭찬 명

맺다 동

태도 명

아픔 명

공감하다 동

입장 명

존중하다 동

진심 명

겸손하다 형

행동하다 동

### 문법 1, 2

과로하다 동

우수 명

뽑히다 동

대사 명

과학 명

수학 명

## 말하기 · 말하기 활동

뭘 감 — 예 뭘요, 당연히 해야지요.

운 명 — 예 운이 좋다

잘되다 동

인정받다 동

그대로 명 부

## 듣고 말하기

전문가 명

상담실 명

적절하다 형

위로 명

님 명 — 예 이민호 님

화나다 동

공감 명

본의 명

차라리 부

진행자 명

초등학생 명

팀 명 — 예 같은 팀이 되다

지능 명

실망시키다 동

## 문법 3, 4

숙박비 명

이르다 형 — 예 이른 아침

아깝다 형

명품 명

## 읽고 쓰기

저장하다 동

메일 명

학번 명

감사 명

결석 명

면담 명

면담하다 동

끝인사 명

이모티콘 명

관련 명

건축 명

지식 명

여쭤보다 동

연구실 명

풍부하다 형

참석하다 동

제출하다 동

## 03과 함께 사는 삶

| 어휘 | 의미 |
|---|---|

### 어휘·표현

기부 명

봉사하다 동

봉사자 명

단체 명

해외 명

기부하다 동

기부자 명

결연하다 동

배려하다 동

양보하다 동

보람 명

동물원 명

-스럽다

사랑스럽다 형

조심스럽다 형

부담스럽다 형

자랑스럽다 형

걱정스럽다 형

어머 감 예 어머, 두 사람이 친구였어요?

조용히 부

### 문법 1, 2

뛰어나다 형

맛을 보다

### 말하기·말하기 활동

통 부 예 잠을 통 못 자다

서로서로 명부

낡다 동

더러워지다 동

벽화 명

유기견 명

보호소 명

목욕시키다 동

버려지다 동

어르신 명

헌책 명

프로젝트 명

연탄 명

캠페인 명

털모자 명

세탁 명

물품 명

기부금 명

## 듣고 말하기

성북구

쪽지 명

어려움 명

겪다 동

이웃 명

글자 명

떠올리다 동

음 감 예 음, 생각해 볼게요.

마을 명

머무르다 동

보름 명

매체 명

후원 명

늘어나다 동

인간 명

## 문법 3, 4

발표되다 동

주먹 명

쥐꼬리 명

단춧구멍 명

모기 명

조카 명

## 읽고 말하기

장터 명

온 관 예 온 가족

| | |
|---|---|
| 및 [부] | 예 가정 및 직장 |
| 가전제품 [명] | |
| 의류 [명] | |
| 잡화 [명] | |
| 장난감 [명] | |
| 사무소 [명] | |
| 당일 [명] | |
| 세상 [명] | |
| 단장하다 [동] | |
| 장만하다 [동] | |
| 마치 [부] | |
| 백마 [명] | |
| 왕자 [명] | |
| 걸음 [명] | |
| 한참 [명][부] | |
| 터벅터벅 [부] | |
| 안타깝다 [형] | |
| 지켜보다 [동] | |
| 초라하다 [형] | |
| 우물쭈물하다 [동] | |

| |
|---|
| 미소를 짓다 |
| 머리카락 [명] |
| 부끄러워하다 [동] |
| 두려움 [명] |
| 배려 [명] |

## 04과 일상의 문제

| 어휘 | 의미 |
|---|---|

**어휘·표현**

| |
|---|
| 일상 [명] |
| 불편 [명] |
| 항공사 [명] |
| 온수 [명] |
| 난방 [명] |
| 분실되다 [동] |
| 결항 [명] |
| 승객 [명] |
| 지연되다 [동] |
| 옆자리 [명] |
| 예약 [명] |

초과되다 동

남기다 동

따지다 동

보상하다 동

보상 명

식사권 명

제공하다 동

숙박권 명

왕복 명

편도 명

마일리지 명

기념품 명

일부 명

금액 명

## 문법 1, 2

매장 명

수수료 명

주차 명

스타일 명

무상 명

강 명 예 강이 흐르다

## 말하기·말하기 활동

저희 명

성수기 명

곤란하다 형

숙박하다 동

연장되다 동

금연 명

객실 명

역할극 명

점심시간 명

서빙 명

광화문

뜨다 동 예 눈을 뜨다

돌아가다 동

## 듣고 말하기

지연 명

도쿄

편 명 예 한국항공 KD1215편

정비 명

대단히 부

저 감 예 저, 혹시 언제 출발하나요?

최대한 명부

책임 명

점검하다 동

전액 명

분명히 부

휴 감 예 휴! 걱정이네요.

주차권 명

문법 3, 4

뛰어오다 동

뒷정리 명

읽고 쓰기

건의하다 동

작성일 명

셔틀버스 명

운행 명

대수 명

늘리다 동

시청역

이미 부

교시 명 예 1교시

일반 명

만원 명

주요 명

매점 명

흡연자 명

불쾌하다 형

## 05과 생각의 차이

| 어휘 | 의미 |
|---|---|

어휘·표현

토론 명

반대하다 동

옳다 형

찬성하다 동

그르다 형 예 옳고 그른 일

다수 명

부분적 관명

소수 명

결정 명

중심 명

의견 명

주장하다 동

편견 명

가치관 명

받아들이다 동

강요하다 동

근거 명

귀를 기울이다 관용 표현

비난하다 동

말다툼 명

물음 명

## 문법 1, 2

아무리 부

소용없다 형

이성 명

쌍둥이 명

타고나다 동

담뱃값 명

측 명 예 학교 측

야구팀 명

지다 동 예 경기에 지다

이기다 동

문신 명

브랜드 명

## 말하기·말하기 활동

대기업 명

주장 명

동의하다 동

주제 명

조기 명 예 조기 교육

국제결혼 명

성형 수술

## 듣고 말하기

의도 명

남 명 예 남의 물건

속이다 동

위하다 동

새빨간 거짓말 관용 표현

뻔하다 형

아 감 예 아, 그렇구나.

불치병 명

반대 명

실망 명

병 명 예 병에 걸리다

연구 명

찬성 명

설득력 명

추가 명

문법 3, 4

여름옷 명

겨울옷 명

장단점 명

해결되다 동

읽고 말하기

최고급 명

중시하다 동

두다 동

그러므로 부

정성껏 부

동양인 명

사고방식 명

둘러싸다 동

서양인 명

개개인 명

장면 명

완성도 명

네티즌 명

갈등 명

전쟁 명

## 06과 여행과 휴식

| 어휘 | 의미 |
| --- | --- |

어휘·표현

유적지 명

색다르다 형

모험 명

휴양하다 동

매력적 관명

바가지를 쓰다 [관용 표현]

이국적 [관][명]

예술 [명]

미치다 [동] ㉮ 기대에 못 미치다

빠듯하다 [형]

뻥 [부] ㉮ 가슴이 뻥 뚫리다

뚫리다 [동]

일품 [명]

쫓기다 [동]

무기력하다 [형]

명상하다 [동]

전환하다 [동]

치유되다 [동]

## 문법 1, 2

휴양 [명]

## 말하기·말하기 활동

추천 [명]

속초

먹을거리 [명]

물회 [명]

케이블카 [명]

어묵 [명]

자갈치 시장

해산물 [명]

경주빵

왕릉 [명]

유물 [명]

맛보다 [동]

올레길

그리다 [동] ㉮ 꿈에 그리다

황금기 [명]

혜택 [명]

숙소 [명]

## 듣고 말하기

각자 [명][부]

귤 [명] ㉮ 귤을 따다

잠수함 [명]

목장 [명]

비닐봉지 [명]

가져가다 [동]

해안 명

이동하다 동

푸르다 형

달리다 동

바닷속 명

물고기 명

먹이 명

촬영 명

회 명 예) 회를 먹다

조식 명

가이드 명

여행객 명

우울증 명

산속 명

절 명 예) 절에 가다

치유하다 동

병들다 동

문법 3, 4

복사하다 동

녹다 동

가뭄 명

콩 명 예) 콩을 먹다

유급하다 동

섭섭하다 형

읽고 쓰기

기행문 명

출퇴근길 명

정신없이 부

멍하다 형

편히 부

내려놓다 동

향하다 동

빈손 명

스님 명

바라보다 동

개울 명

느낌 명

예불 명

불교 명

신자 명

기상 명 예 기상 시간

잠자리 명 예 일찍 잠자리에 들다

종소리 명

배 명 예 108배를 하다

절하다 동

잘못하다 동

용서 명

흐르다 동

꿀맛 명

빨리하다 동

기대감 명

## 07과 한국의 역사와 상징

| 어휘 | 의미 |
| --- | --- |

어휘·표현

상징 명

역사적 관명

인물 명

상징하다 동

학자 명

장군 명

발명가 명

지도자 명

교육자 명

정치가 명

예술가 명

업적 명

통일하다 동

발명하다 동

작품 명

승리하다 동

학문 명

후학 명

양성하다 동

모범 명

책임감 명

강하다 형

지도력 명

학식 명

깊다 형

남다르다 형

검소하다 형

이끌다 동

존경 명

번화가 명

도심 명

중심지 명

관청 명

궁궐 명

왕 명 예 왕이 되다

국기 명

국화 명

국가 명 예 국가를 부르다

무궁화 명

애국가 명

### 문법 1, 2

미인 명

따르다 동

강조하다 동

야간 명

문화재 명

도망가다 동

손가락 하나도 움직이지 못하다 관용 표현

둘이 먹다 하나가 죽어도 모르다 관용 표현

발 디딜 틈이 없다 관용 표현

### 말하기·말하기 활동

신사임당

화가 명

지폐 명

마침 부

풀 명 예 풀이 나다

벌레 명

닭 명 예 닭이 울다

묵포도도

백성 명

용비어천가

최초 명

이이

오죽헌

이황

관직 명

힘쓰다 동

명륜당

화폐 명

이순신

거북선

### 듣고 말하기

영원히 부

지다 동 예 꽃이 지다

집집 명

달다 동 예 국기를 달다

세로 명

국경일 명

해 명 예 해와 달

바탕 명

평화 명

### 문법 3, 4

신조어 명

### 읽고 말하기

한양

육조 거리

정치 명

북촌

북쪽 명

재산 명

운종가

사고팔다 동

피맛골

관리 명

엎드리다 동

음식점 명

개천

하천 명

생활 하수

흘려보내다 동

하수도 명

역할 명

남쪽 명

전문직 명

허락 명

마포 나루

나루 명

싣다 동

이용되다 동

묶다 동

오늘날 명

재개발하다 동

사라지다 동

아쉬워하다 동

청계천

개발 명

덮다 동

되찾다 동

마포 대교

잇다 동

## 08과 생활과 경제

| 어휘 | 의미 |
| --- | --- |

어휘·표현

경제생활 명

구입 명

판매 명

수입 명

지출 명

절약하다 동

과소비하다 동

소비자 명

생산자 명

소비 명

합리적 관 명

소비하다 동

무절제하다 형

충동구매 명

전략 명

매출 명

기업 명

-비

식비 명

교육비 명

통신비 명

주거비 명

문화·레저비 명

교통비 명

수도 명 예 수도 요금

문화생활 명

### 문법 1, 2

엽서 명

전기 명

### 말하기·말하기 활동

웬일 명

월초 명

월말 명

박스 명

할인하다 동

불필요하다 형

장바구니 명

외식비 명

계획적 명

장을 보다

외식하다 동

오히려 부

의식 명

개선하다 동

쇼핑비 명

### 듣고 말하기

진열하다 동

동선 명

원리 명

하하 부 예 하하, 재미있네요.

자 감 예 자, 시작합시다.

구경하다 동

진열대 명

눈앞 명

m(미터) 명 예 5m

신제품 명

팔리다 동

판매량 명

넓어지다 동

효과적 관 명

문법 3, 4

인구 명

오프라인 명

존댓말 명

반말 명

읽고 쓰기

내역 명

차지하다 동

학원비 명

미용비 명

유흥비 명

감소하다 동

한편 명 부

불과하다 형

지속적 관 명

도달하다 동

레포츠 명

산업 명

발달하다 동

이전 명

추세 명

전망되다 동

규모 명

# 4-2 어휘 · 표현

## 09과 문화를 즐기는 삶

| 어휘 | 의미 |
| --- | --- |

어휘 · 표현

장르 명

감독 명

배경 음악

줄거리 명

결말 명

평점 명

연주 명

가창력 명

무대 명

작가 명

해설 명

관람료 명

연기력 명

작품성 명

흉겹다 형

실망스럽다 형

긴장감 명

넘치다 동

울리다 동

떼다 동

향수 명 예) 학창 시절에 대한 향수

불러일으키다 동

-적 관

감동적 관 명

대중적 관 명

세계적 관 명

환상적 관 명

열정적 명

낭만적 명

문법 1, 2

포도 명

읽히다 동

웃기다 동

먹이다 동

상상력 명

말하기 · 말하기 활동

따라다니다 동

농담 명

실은 부

출연하다 동

식히다 동

연주자 명

출연자 명

내쫓다 동

미워하다 동

치료하다 동

박씨 명

심다 동

박 명 예) 박이 열리다

열리다 동

은 명 예 금과 은

보물 명

소문 명

부러뜨리다 동

가져가다 동

거지 명

## 듣고 말하기

록 페스티벌

록 명 예 록을 듣다

신인 명

그룹 명

팬 명 예 축구 팬

상영하다 동

오페라 명

발레 명

무용 명

## 문법 3, 4

퉁퉁 부

입이 닳다 관용 표현

귀에 못이 박히다 관용 표현

입에 침이 마르다 관용 표현

밤새다 동

속상하다 형

회 명 예 드라마의 마지막 회

매력 명

## 읽고 말하기

전시 명

오케스트라 명

하모니 명

청량리역

낭송 명

함께하다 동

시각 장애인

펼치다 동

후원자 명

감상문 명

포스터 명

매표소 명

개봉 명

관객 명

화제 명

상영관 명

두근거리다 동

드디어 부

중년 명

열중하다 동

수많다 형

따돌림 명

자살 명

시도하다 동

형편 명

합격시키다 동

닫히다 동

편 명 예 영화 한 편

오해하다 동

등장인물 명

## 10과 재미있는 한국어

| 어휘 | 의미 |
| --- | --- |

### 어휘·표현

소곤소곤 부

콜록콜록 부

엉엉 부

쩝쩝 부

꼬르륵 부

환절기 명

버릇 명

헐레벌떡 부

꾸벅꾸벅 부

느릿느릿 부

뻘뻘 부

멀리 명부

다가오다 동

속담 명

갈수록 태산 속담

말이 씨가 된다 속담

시작이 반이다 속담

같은 값이면 다홍치마 속담

개구리 올챙이 적 생각 못 한다 속담

세 살 적 버릇 여든까지 간다 속담

우물 안 개구리 속담

말 한마디에 천 냥 빚도 갚는다 속담

낮말은 새가 듣고 밤말은 쥐가 듣는다 속담

가는 날이 장날 속담

고생 끝에 낙이 온다 속담

가는 말이 고와야 오는 말이 곱다 속담

## 문법 1, 2

일단 부

물가 명

수리비 명

안되다 동

## 말하기·말하기 활동

깜빡하다 동

말조심 명

정말로 부

유급 명

금강산도 식후경 속담

남의 떡이 더 커 보인다 속담

윗물이 맑아야 아랫물이 맑다 속담

호랑이도 제 말 하면 온다 속담

원래 명 부

## 듣고 말하기

다리를 놓다 관용 표현

까다롭다 형

어깨가 무겁다 관용 표현

부담 명

어쩐지 부

귀가 가렵다 관용 표현

발등에 불이 떨어지다 관용 표현

발등 명

찍히다 동

믿는 도끼에 발등 찍힌다 속담

배신 명

## 문법 3, 4

방향 명

다행 명

정 명 예 정이 많다

얼다 동

읽고 쓰기

관용어 명

고등학교 명

선수 명

활동하다 동

후보 명

굴뚝같다 형

벤치 명

나름 명 예 내 나름대로

뒤떨어지다 동

절망하다 동

전부 명부

배신하다 동

어느새 부

위 명 예 1위

## 11과 스포츠와 우리의 생활

| 어휘 | 의미 |
| --- | --- |

어휘 · 표현

쫓아가다 동

다투다 동

출발선 명

결승선 명

경쟁하다 동

목표하다 동

비기다 동

메달 명

결승 명

우승 명

신기록 명

상대 명

기록 명

결정되다 동

순발력 명

집중력 명

정신력 명

표현력 명

경기력 명

축구팀 명

### 문법 1, 2

선선하다 형

### 말하기·말하기 활동

엉망 명

지나치다 형

충격 명

나아지다 동

월드컵 명

팀워크 명

관중 명

중계하다 동

캐스터 명

해설자 명

육상 명

중계 명

### 듣고 말하기

돌다 동

금메달 명

은메달 명

놀랍다 형

박수 명

동메달 명

손에 땀을 쥐다 관용 표현

소감 명

라이벌 명

왕복하다 동

마무리하다 동

국민 명

마라톤 명

### 문법 3, 4

아침잠 명

순간 명

### 읽고 말하기

사설 명 예 신문 사설

종목 명

마찬가지 명

스타 명

수준 명

강국 명

여전히 부

투자 명

투자하다 동

국가 명 예 국가 경제

대표 명

독자 명

투고 명

진정하다 형

야구팬 명

제대로 부

모래 명

흙먼지 명

마음껏 부

마련되다 동

체육공원 명

집중되다 동

## 12과 사건과 사고

| 어휘 | 의미 |
| --- | --- |

어휘·표현

사건 명

자연재해 명

지진 명

홍수 명

화산 명

폭발하다 동

범람하다 동

무너지다 동

침수되다 동

쓰러지다 동

실종되다 동

발이 묶이다 관용 표현

고립되다 동

목숨을 잃다 관용 표현

숨지다 동

사망하다 동

복구하다 동

구조하다 동

사망자 명

실종자 명

부상자 명

침입하다 동

훔치다 동

맞다 동 예) 도둑을 맞다

범인 명

검거하다 동

부딪히다 동

들이받다 동

벌집 명

건드리다 동

쏘이다 동

관 **문법 1, 2**

입학시험 명

운전자 관 명

응급 명

책값 명

진급 명

**말하기·말하기 활동**

인도네시아

섬 명 예) 제주도는 섬이다

수십 예) 수십 개

채 명 예) 건물 한 채

수백 예) 수백 명

대비하다 동

폭발 명

가구 명 예) 1인 가구

비바람 명

대전

현장 명

복구 명

작업 명

진행되다 동

**듣고 말하기**

연령층 명

고령자 명

무렵 명 예) 저녁 무렵

피해자 명

밝혀지다 동

달려오다 동

연구소 명

박사 명

현황 명

방안 명

발생률 명

수칙 명

게다가 부

위반하다 동

관용 표현

대책 명

고령 명

교육하다 동

보행자 명

사망 명

방지하다 동

녹색 명

깜박이다 동

지하도 명

눈에 띄다

밝은색 명

## 문법 3, 4

헬멧 명

## 읽고 쓰기

시기 명

해빙기 명

강물 명

구멍 명

뚫다 동

휴가철 명

비우다 동

이때 명

빈집 명

귀중품 명

무인 감시 카메라(CCTV)

가리다 동 예 얼굴을 가리다

범죄 명

배달하다 동

검거 명

벌초 명

공격하다 동

독성 명

가을철 명

뿌리다 동

만일 부

겨울철 명

얼어붙다 동

골목길 명

등산길 명

낙상 명

## 13과 동식물과 함께하는 생활

| 어휘 | 의미 |
|---|---|

어휘·표현

동식물 명

반려동물 명

반려 명

식물 명

화분 명

어항 명

갈다 동

훈련 명

새장 명

배설물 명

털 명 예 동물의 털

빗기다 동

시들다 동

잡초 명

번거롭다 형

정서적 관명

외로움 명

달래다 동

입양하다 동

안락사 명

유기하다 동

방치되다 동

관리되다 동

새끼 명

낳다 동

데려오다 동

정원 명

고통 명

안락사시키다 동

문법 1, 2

지원서 명

설치하다 동

유기 명

말하기·말하기 활동

손이 가다 관용 표현

돌고래 명

코끼리 명

쇼 명 예 돌고래 쇼

가죽 명

개 명 예 개와 고양이

안내견 명

농약 명

듣고 말하기

옥상 명

새소리 명

날아가다 동

방해하다 동

올라오다 동

북적거리다 동

출퇴근 명

업무 명

무성하다 형

문법 3, 4

매진되다 동

읽고 말하기

더불다 동 예 더불어 살아가다

살아가다 동

동물 보호법

개정되다 동

이후 명

용어 명

농림축산식품부

저출산 명

고령화 명

현상 명

자식 명

늙다 동

치료비 명

보호하다 동

지다 동 예) 책임을 지다

입양 명

찬반 명

응답하다 동

선호하다 동

공동 명

## 14과 소중한 환경

| 어휘 | 의미 |
|---|---|

어휘·표현

환경 오염

오염되다 동

매연 명

폐수 명

배출하다 동

일회용품 명

배기가스 명

대기 오염

수질 오염

토양 오염

빨대 명

플라스틱 명

종이컵 명

나무젓가락 명

스티로폼 명

지구 온난화

떼죽음 명

지구 명

뜨다 동 예) 물에 뜨다

이 명 예) 이를 닦다

분리하다 동

설거지하다 동

보호 명

문법 1, 2

실천 명

회복되다 동

클럽 명

### 말하기·말하기 활동

아니 감 예 아니, 이게 무슨 일이야?

다큐멘터리 명

북극 명

빙하 명

봐주다 동

포장지 명

표어 명

### 듣고 말하기

공해 명

땅 부 예 땅, 땅 소리가 들리다

쿵쿵 부

뛰어다니다 동

무리 명 예 허리에 무리가 가다

고래 명

전구 명

안심되다 동

인공조명 명

광고하다 동

부족 명

부작용 명

### 문법 3, 4

건망증 명

시작 명

복권 명

당첨되다 동

저금하다 동

사이트 명

입에 쓴 약이 병에는 좋다 속담

열 번 찍어 아니 넘어가는 나무 없다 속담

장사하다 동

힘내다 동

### 읽고 쓰기

사용되다 동

생산량 명

재활용되다 동

묻히다 동

썩다 동

등장하다 동

mm(밀리미터) 명 예 5mm

조각 명

미세하다 형

형태 명

태양 명

파도 명

부서지다 동

화학 물질

하수 처리

거르다 동

떠다니다 동

해양 명

제조 명

라벨 명

막상 부

기울이다 동

## 15과 과학과 기술

| 어휘 | 의미 |
| --- | --- |

어휘·표현

기술 명

첨단 명

인공 지능

가상 현실

로봇 명

식량 명

자율 명

주행 명

달라지다 동

시스템 명

실제 명부

최신 명

효율적 관명

신속하다 형

정확성 명

높아지다 동

의존하다 동

빼앗기다 동

사고력 명

해 명 예 해를 끼치다

방해 명

끼치다 동

의학 명

물질 명

## 문법 1, 2

서두르다 동

가족사진 명

## 말하기·말하기 활동

없이 부

차츰 부

한계 명

도구 명

게이머(gamer) 명

지배하다 동

개발하다 동

주목받다 동

목적지 명

스티커 명

우주여행 명

복제 명

순간적 관명

우주 명

투명 명

냉동 명

깨어나다 동

## 듣고 말하기

상식 명

전자파 명

데우다 동

영양소 명

파괴되다 동

장식 명

차단하다 동

선인장 명

차단 명

불안증 명

참여 명

선입견 명

뇌 명 예 뇌 기능

알아듣다 동

전 관 예 전 세계

성장 명

위험성 명

체온 명

### 문법 3, 4

영화제 명

거울 명

교훈 명

에너지 명

연결하다 동

꽹과리 명

징 명 예 징을 치다

대중음악 명

### 읽고 말하기

전통적 관명

구별되다 동

뾰족하다 형

전신 명

물속 명

나아가다 동

최소화하다 동

상어 명

시속 명

km(킬로미터) 명 예 5km

헤엄치다 동

모방하다 동

로켓 명

놀라움 명

약품 명

창의력 명

주최 명

서울특별시

3D 프린터

시식 명

실내 명

행사장 명

롤러코스터 명

개발되다 동

시식하다 동

준비되다 동

숨다 동

붓 명 예 붓으로 글씨를 쓰다

실감 명

특별 명

명화 명

놀이터 명

## 16과 추억과 그리움

| 어휘 | 의미 |
| --- | --- |

어휘·표현

특성 명

울보 명

겁쟁이 명

모범생 명

문제아 명

애어른 명

멋쟁이 명

고집쟁이 명

욕심쟁이 명

공붓벌레 명

새침데기 명

잠꾸러기 명

장난꾸러기 명

용감하다 형

순수하다 형

덜렁대다 동

엉뚱하다 형

겁 명 예 겁이 나다

변덕스럽다 형

수줍음 명

-거리다

반짝거리다 동

아른거리다 동

가물거리다 동

걸리적거리다 동

꾸물거리다 동

차다 동 예 시계를 차다

눈빛 명

문법 1, 2

승진하다 동

뜻밖 명

말하기·말하기 활동

송별회 명

역시 부

떠오르다 동

아휴 감 예 아휴, 답답해.

돌아서다 동

딴생각 명

듣고 말하기

사연 명

정릉동

우연히 부

수북이 부

입시 명

단짝 명

등굣길 명

하도 부

시집가다 동

놀리다 동

그리워지다 동

신청곡 명

친자매 명

옛 관 예 옛 추억

무척 부

저기 감 예 저기, 길 좀 묻겠습니다.

맨날 부

세상일 명

첫사랑 명

몰래 부

올려놓다 동

세월 명

잠기다 동

해돋이 명

굳이 부

문법 3, 4

부장 명

전 관 예 전 학기

회식 명

뛰어놀다 동

## 읽고 쓰기

낯 명 예 낯을 가리다

가리다 동 예 음식을 가리다

바람을 쐬다 관용 표현

소극적 관 명

불안감 명

생생하다 형

이런저런 관

가져다주다 동

고정 관념

꾸미다 동